中国学生培优Q计划

彩图版

帮助孩子与人交往

主编 张新欣

EQ

天津出版传媒集团
天津科学技术出版社

编者的话

　　《中国学生培优Q计划》丛书基于不同年龄阶段学生的特点，结合国内外学生成长最新研究结果，分别从IQ（智商）、EQ（情商）、MQ（德商）、AQ（逆商）、SQ（灵商）和CQ（创商）六个方面，以故事的形式有计划地编排，旨在让学生通过阅读，潜移默化地提高"6Q"，从而得到全面发展。

　　丛书共六册，每册独立成书，又与其他各册有机相连。内容丰富生动、简洁易懂，配图精当贴切、趣味盎然。丛书遵循循序渐进的原则，每天一个故事，每天一点熏陶，可以在很大程度上提高学生的阅读兴趣。

　　《IQ——教会孩子辨别是非》侧重引导学生感受善恶、分清美丑、辨明是非，教会学生认识什么是真善美。

　　《EQ——帮助孩子与人交往》以培养学生的情商为基本目标，使学生通过轻松愉悦的阅读，

学会与人交往的基本道理。

《MQ——培养孩子美好品德》从不同角度展现并赞扬了诚实、勇敢、善良、自信、坚强等众多优秀品质,培养学生良好的道德品质和行为习惯。

《AQ——激励孩子勤勉上进》帮助学生轻松获取战胜困难、挫折的信心和勇气,逐步锻炼出顽强的心理承受能力。

《SQ——满足孩子好奇心理》以发展学生丰富的想象力为主要目标,使学生通过阅读和思索,获得基本的分析现象、灵活处理问题的能力。

《CQ——激发孩子思维潜能》以启迪学生的智慧为主,让学生在成长的过程中,运用智慧战胜困难、解决问题。

在丛书的编撰过程中,我们诚邀教育专家精心编排了"启迪"栏目。"启迪"从不同的角度,以读者的视角写成,帮助学生在轻松的阅读中得到有益的启迪。

我们深信:青少年朋友一定会对这套图文并茂的精美图书爱不释手,同时,他们的人生羽翼一定会在这些经典的故事中渐渐丰满!

帮助孩子与人交往

6	两只鸽子	43	大家的星星
8	萤火虫找朋友	46	小鸟和大熊
11	橡树与芦苇的争论	49	脏嘴巴的小白兔
14	麻雀的评论	52	彼得和他的邻居
18	仙鹤的惩罚	55	两串钥匙
21	蚂蚁报恩	58	找朋友
24	象鼻子桥	61	大象和蚂蚁
28	狼和小羊	65	青蛙与癞蛤蟆
31	蜗牛的硬壳屋	68	快乐王子
34	骄傲的天鹅	71	仙女
37	一个善良的穷孩子	74	快乐泉
40	泥姑娘	77	狮子与老鼠

80	大乌龟	116	狐狸的眼泪
83	鱼兄弟	120	小鸭子和他的伙伴们
86	猫鼠交友	123	小猪找伴
89	小花猫盖新房	126	霸道的小老虎
92	猎狗	129	顽皮香蕉
95	年轻的公鸡	132	系鞋带
98	红红的苹果	135	三只蝴蝶
101	金色的房子	138	五个孩子捡黄豆
104	萝卜回来了	141	小白鸭
107	兔子的友谊		
110	一根甘蔗		
113	小青蛙养大狼		

两只鸽子

一个窝里住着黑白两只鸽子。

秋天果子成熟的时候,他们在窝里放满了采来的果子。

后来,满窝果子被晒干了,就显得少了,只剩下半窝。

黑鸽子回来就怪罪白鸽子:"我采果那么辛苦,你却自己独吃,只剩下一半了。"

白鸽子不服气,辩解道:"我并没有独吃,果子是自己减少的。"

黑鸽子不相信,生气地说:"果子自己怎么会减少呢?明明是你偷吃了。"他越说越生气,最后用嘴把白鸽子啄跑了。

没过几天,下了一场大雨,果子被雨一淋,又涨到原来那么多。黑鸽子一见,知道自己错怪了白鸽子,非常后悔:他的确没有吃果子,我错怪了他啊。

黑鸽子越想越伤心,不禁悲哀地大声呼叫:"你到哪里去了?"

启迪

果子因晒干而变少,但黑鸽子不明其理,错怪了白鸽子,结果永远地失去了一个好朋友。我们和朋友相处,可要多一些信任,少一些猜忌!

萤火虫找朋友

晚上,萤火虫提着蓝色的小灯笼,在草丛里飞来飞去。她想找朋友。

萤火虫飞呀飞,突然看见一只小蚂蚱正急急忙忙地往前走呢。萤火虫大声叫道:"喂,小蚂蚱!"小蚂蚱吓了一跳,回头看见萤火虫,说:"你好!"萤火虫满脸笑容:"你愿意和我交朋友吗?"小蚂蚱说:"我愿意。"萤火虫听了,高兴地说:"太好了!那你就跟我一起玩吧!"小蚂蚱为难地说:"那可不行,现在我要去找我弟弟,天都黑了,他还不回家,爸爸妈妈都急坏了,让我来找他。对了,你来得正好,帮我照照路吧,找到我的弟弟,我们再一起玩,好吗?"

萤火虫一听不高兴了,她说:"我才不给你照路呢,

帮助孩子与人交往

我要去找朋友。"说完,她提着灯笼飞走了。

萤火虫飞呀飞,看见一只小蚂蚁正背着一个大口袋往前走。萤火虫喊道:"喂,小蚂蚁,等一等!"小蚂蚁停下脚步,问:"干什么呀?"萤火虫笑着说:"你愿意和我做朋友吗?"小蚂蚁说:"当然愿意啦!"

萤火虫一听兴高采烈地说："太好了，那我们就一块儿玩吧！"小蚂蚁摇摇头说："现在不行，我得先把粮食送回家去。我迷路了，你可以给我照照路吗？我先找到家再和你一起玩吧！"

萤火虫满脸的不高兴，气哼哼地说："算了，不玩就不玩。我才不给你照路呢，我得去找朋友！"说完，她提着灯笼飞走了。

就这样，萤火虫提着灯笼在草丛里飞来飞去，一直在找朋友。直到最后，她也没找到一个朋友。

启迪

朋友之间要互相帮助、互相关心。像萤火虫那样，只想着自己，而不愿意帮助别人，是永远也找不到朋友的。

帮助孩子与人交往

橡树与芦苇的争论

在一条小河边,生长着一片茂盛的芦苇。他们虽然能吸收到很充分的养料,却长得细细长长,每当一阵风吹过,他们就会左右摇摆,给人一种弱不禁风的感觉。

在离河边不远的山脚下,长着一棵高大粗壮的橡树。他屹立在那里,从来就没有正眼瞧过河边的芦苇。

有一天,凉风习习,吹拂着芦苇,也吹拂着橡树。橡树感觉天气宜人,忍不住对那些在微风中摇摆的芦苇说:"芦苇啊,我们做邻居很长时间了,每当我看到你们在风雨中的可怜样,就为你们感到不平。老天爷让你们长得那么瘦弱,又让你们长在河边承受风雨,一点点的小风就能使你们摇摇晃晃,低头折腰,甚至还会趴到地上。我已经想过很多次了,如果你们长在我的身边就好了,我可以用我强壮的枝干保护你们。可是,你们现在却离我那么远。唉!"橡树同情地叹了口气。

一直默不作声的芦苇终于说话了:"橡树大哥,多谢你的关心,我们对生活还是很满意的。我们虽然很柔

帮助孩子与人交往

弱，但狂风暴雨来时，我们却没有被吹折过。听了你的话，我倒是为你担心了。虽然先前的风雨没有伤害到你，但你对大风暴雨，可不能掉以轻心啊。"

橡树听后，不禁哈哈大笑，他根本就不相信芦苇的话。就在这天夜里，一股强大的风吹了过来。橡树拼命地挣扎，但还是被风连根拔起，吹到了河里。芦苇则在风中紧紧地趴在地上，牢牢地抓住土壤，躲过了这场灾难。

启迪

"尺有所短，寸有所长"，拿自己的长处来跟别人的短处做比较并取笑别人，是很愚蠢的行为。要知道，一个人的优势，有时可以转化成劣势，而一个人的劣势，有时也会成为优势哟！

麻雀的评论

麻雀整天飞来飞去，遇事就发表评论，有什么法儿，她历来如此。

这天，麻雀看见地面冒出了一个嫩绿的小点儿，把附近的泥土都拱了起来，她便好奇地飞近问道："你是什么？"

"竹笋。"一个细弱的声音应道："我想冒出来……"

"冒出来？"麻雀笑得前仰后合，"你有多大能耐？我抓一把土就可以盖上你。识趣点，乖乖儿地躺着吧！"

麻雀飞到一株桃树枝丫上，只见一只蜜蜂"嗡嗡"地在花间飞动，还从花蕊里钻进钻出。

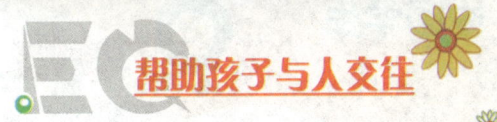
帮助孩子与人交往

"咦,这是干什么?"

"我想采集花蜜,和大伙酿成一缸子蜜糖……"

"小鸭子想生大鹅蛋哩!"麻雀边叫边笑,"这肯定是灯草搭桥——白费劲儿。眼前有烂漫的春光,你为

什么不趁机逛一逛,乐一乐,偏去干这种蠢事儿?"

她评论一番后,又快活地飞走了。飞着飞着,快靠近屋檐的时候,她猛地看见一个灰团儿从鸽子笼边掉了下去。

"怎么回事,怎么回事?"麻雀扑下去急切地问。

"我想飞上蓝天,"一只羽毛没长满的小鸽子回答,"哎,没想到……"

麻雀一阵大笑:"傻小子,慢慢地走着玩好了,想飞上蓝天,幸亏没有把屁股

摔成两半儿，快死了这条心吧！"

……

日子一天天过去了。有一天，麻雀又经过这一带。她看到：一根新竹挺立着指向天空；一只灰鸽在白云间翻飞；还有，在蜂巢边摆着一缸才取出的蜂蜜，那只小蜜蜂飞在缸边甜甜地笑呢……

这难道是事实？麻雀睁着圆溜溜的小眼睛嚷道："你们不是在玩什么魔术，来戏弄我这老实巴交的麻雀吧？"

启迪

麻雀自己不思进取，还对竹笋、蜜蜂、灰鸽的努力妄加评论、冷嘲热讽，这种行为真让人讨厌。生活中，我们可不能成为麻雀这样的人。

仙鹤的惩罚

有一只狐狸从早上开始，就在森林里面闲逛，直到中午，他也没有发现什么有趣的事情。狐狸有点儿失望，觉得森林里不会有什么新鲜事发生了。

他来到小河边，突然看到一只仙鹤在小河对面休息。狐狸眼珠一转，想到一个开心的主意。他跑到河边对仙鹤说："仙鹤大哥，你今天中午到我家来做客吧，我会非常热情地招待你。"仙鹤看着狐狸，心想：狐狸今天一定有什么喜事，不然，他怎么会请我吃饭？看来，这个一毛不拔的家伙也有热情大方的时候呀。想到这里，仙鹤痛快地答应了。

"开饭了！"狐狸从厨房中端出准备好的饭菜。仙鹤一看，是两只大碟子，浅浅的，里面盛着一些肉汤。狐狸热情地说："仙

帮助孩子与人交往

鹤大哥，快吃吧！这是我为你精心准备的饭菜。"仙鹤伸出尖尖的嘴，可怎么也吸不到那些肉汤。再看狐狸呢，他十分方便地用他的大舌头舔着，不一会儿就把那些肉汤喝完了。然后他问："仙鹤大哥，怎么样？我的手艺还不错吧！"看着笑眯眯的狐狸，仙鹤假装高兴地说："太好了！你的手艺真是一流的。为了感谢你的

盛情,明天中午请到我家里做客吧,我为你准备我最拿手的炖鱼。"狐狸一听,馋得直流口水,马上就答应了。

第二天,狐狸很早就到了仙鹤家。仙鹤也没让他失望,果然准备了美味的炖鱼。可是,鱼盛在一个有着细细瓶颈、小小瓶口的瓶子里,这使狐狸无论怎样也吃不到炖鱼,而仙鹤尖尖的嘴则刚好可以伸到瓶子里。仙鹤吃完后,问:"狐狸兄弟,怎么样?我的手艺还不错吧!"

狐狸尴尬地笑了笑,饿着肚子回家了。

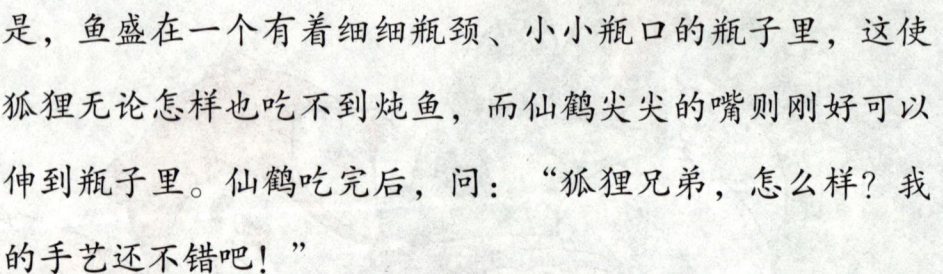

启迪

聪明的仙鹤"以牙还牙",使耍小聪明的狐狸陷入了尴尬。我们要记住狐狸的教训,要懂得"只有真诚地对待别人,别人才会真诚地对待你"的道理。

帮助孩子与人交往

蚂蚁报恩

中午时分,一只小蚂蚁急匆匆地向小河跑去。看那模样,他肯定是渴坏了。他跑到河边,埋头就喝,什么也顾不上了。小蚂蚁喝了几口后,抬起头来舒了口气,心中乐滋滋地想:水真是世上最美妙的东西!

突然,他感到脚下的土地动了起来。"坏了!"小蚂蚁刚反应过来,就随着一大块泥土落到了水里。

"救命啊!救命啊!"小蚂

蚁在水中一边挣扎,一边大声呼喊。

一只白鸽听到声音后四处寻找,最后发现了水中的蚂蚁。白鸽马上叼起一段树枝飞到小蚂蚁的身边。小蚂蚁急忙爬上树枝,被白鸽带到了安全的地方。小蚂蚁安定下来后,对白鸽说:"白鸽姐姐,我一定会报答你的。"白鸽笑着说:"小蚂蚁,以后喝水可要小心啊。"说完,她就飞走了。

小蚂蚁和白鸽成了好朋友,他们经常在一起玩耍。这一天,小蚂蚁又来找白鸽玩,突然看到白鸽家下面有一个

猎人。"糟了！白鸽姐姐肯定没有发现这个猎人。"小蚂蚁想着，连忙爬到猎人的身边。他张开大嘴，狠劲在猎人的脚背上咬了一口。猎人疼得大叫一声，子弹打偏了。白鸽被枪声惊醒，匆忙藏了起来。

猎人走后，白鸽对小蚂蚁说："谢谢你，小蚂蚁。""白鸽姐姐，上次你救了我，这次是我报答你。我们是朋友，就应该互相帮助啊！"

从此，小蚂蚁和白鸽更加亲密，他们成了森林中最要好的朋友。

启迪

"滴水之恩，当涌泉相报"，文中的小蚂蚁用他的实际行动，报答了曾帮助过他的白鸽。我们要向蚂蚁学习，将别人的恩情铭记在心，并学会帮助别人。

象鼻子桥

森林中有一条小河。河不宽,小猴子、小狗熊一跃就过去了。可小白兔、小老鼠就不行,他们太小了,跳不过去,常待在河边发愁。

大象看见了,心想:我该帮帮他们呀。他住到小河边上。小动物要过河,他就用长长的鼻子把他们卷起来,送到河对岸。

帮助孩子与人交往

小白兔、小老鼠可高兴了。"让大象的鼻子卷着,就像坐飞机一样,飞到河对岸了。"他们常这么对小猴子、小狗熊说。

小猴子、小狗熊听了好羡慕,他们来到河边,装出生病的样子。大象看见了,赶紧把他们送到河对岸,让他们去医院看病。

"真的很舒服,很好玩。"小猴子、小狗熊悄悄地商量,"以后,咱们也让大象送过河。"

大象心肠好,不计较。可小狗熊太重了,大象用长鼻子卷起他,觉得很吃力。没几天,大象就觉得长鼻子酸酸的,很难受。他到医院去看病了。

呀,这下糟了,没人送大家过河了。

"都是你们,自己会过河,还要大象送,把大象累病了。"小白兔一埋怨,小狗熊和小猴子的脸红了。

"咱们不能老是让大象送,咱们该在河上搭桥。"小猴子出了个主意。

"对!对!我这就去砍树!"小狗熊说着跑了。

"咱们把桥做成象鼻子的样子,这样,从桥上走过,就会觉得还像坐在象鼻子上。"小白兔说。

于是,小老鼠在小狗熊砍来的树干上啃呀啃,啃成了象鼻子的样子。然后,大家齐心协力,把桥架上小河。现在,过河真方便!

大象看完病,急急忙忙赶回来,他还惦记着小动物呢。远远地,他看

帮助孩子与人交往

见小河上有个弯弯的东西。那是什么呢?大象走近一看,啊,原来是座桥!

"现在不需要你送我们过河了。"小动物们笑盈盈地对大象说,"不过,我们希望你还是和我们住在一起,我们需要你这个热心的大朋友!"

大象卷起长鼻子,高兴地点点头:"好!好!我一定还和你们住在一起。"

启迪

热心肠的大象帮助小动物过了河,而小动物们也学会了为大象着想。这是多么可爱的一群小伙伴呀!你和小朋友相处时,也能像他们这样相互关心、相互帮助吗?

狼和小羊

狼很想找个借口吃掉小羊。一天,他看见小羊在河边喝水,就走过去说:"这条河是我的,你怎么能喝我的水?晚上我要去吃掉你!"

小羊回到家里,坐在门口哭了起来。

一只小花猫走过来,看见小羊在哭,就问:"小羊,你为什么哭啊?"

帮助孩子与人交往

小羊说:"狼说今天晚上来吃我。"

小花猫说:"不要怕,晚上我来帮助你。"

一只小黄狗走过来,看见小羊在哭,就问:"小羊,为什么哭啊?"

小羊说:"狼说今天晚上来吃我。"

小黄狗说:"不要怕,晚上我来帮助你。"

小羊还是坐在门口哭。一会儿,小白马和大象也来了,他们知道小羊有麻烦了,也答应晚上来帮助他。

到了天黑的时候,小花猫、小黄狗、小白马、大象都来了。大家商量了一下,就开始行动了。小羊藏到外边的大树后面,小花猫跳上了灶台,小黄狗蹲在门背后,小白马躲在房子后边,大象站在大树底下。

不一会儿,狼来了。他走进屋子里,屋里黑洞洞的,什么也看不见。他就到灶台那儿去点火。

小花猫跳起来,对着狼的脸就是一爪子。狼吓坏了,

"嗷"的一声，转身就往外跑。

小黄狗从门后蹿出来，看准狼的腿就是一口。狼疼得"嗷嗷"地叫着，绕到房子后边想逃走。

小白马抬起腿来，狠狠地踢了狼一脚，把狼踢出好远，一直踢到大树那儿。小羊勇敢地从树后面冲出来，用尖尖的角，对准狼顶了一下。这时候，狼已经摔倒在地，站不起来了。

大象用鼻子把他卷起来扔进了河里。狼淹死了，小羊过上了无忧无虑的日子，再也不用担心有谁会吃他了。

启迪

关键时刻，要不是有这么多的朋友帮助小羊，那小羊就不可能摆脱掉狼，过上无忧无虑的生活。小朋友，珍惜你身边的朋友吧，他们是你人生中最大的一笔财富。

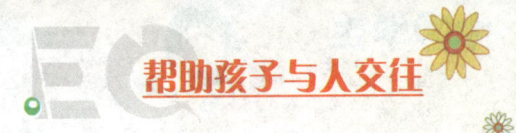

帮助孩子与人交往

蜗牛的硬壳屋

从前,蜗牛走路很快,身上也没背着硬壳屋。可现在呢,蜗牛总是背着一个沉重的硬壳屋,走路慢腾腾的。这是为什么呢?

有一天,突然下起了瓢泼大雨,一些来不及躲雨的蝴蝶、蚂蚁、蜜蜂、苍蝇、毛虫都被雨浇得湿淋淋的。蜗牛自己有个硬壳屋,不怕风吹雨淋,他把头往里面一缩,睡起了大觉。

一只蜻蜓被雨水打落在硬壳屋旁,她哀求道:"蜗牛兄弟,让我进屋躲躲雨吧,不然大雨会把我淋坏的。"蜗牛慢腾腾地伸出两根触角,没好气地说:"屋子是我的,我不会让别人用的,不要打扰我休息。"蜻蜓只好走开了。

这时,一只蚂蚁被雨水冲到蜗牛的屋子旁。蚂蚁一把抓住蜗牛的屋角,气喘吁吁地向蜗牛哀求道:"蜗牛大哥,外面雨太大了,让我进屋躲躲吧。"蜗牛又一次慢腾腾地伸出两根触角,没好气地说:"屋子是我的,我不会让别人用的,不要打扰我休息。"蚂蚁只好走开了。

之后,苍蝇、毛虫向蜗牛借屋避雨,也都被蜗牛

拒绝了。

雨停后,太阳出来了。蜗牛想去外面寻找食物,可他怕自己不在家时会有别的动物钻进他的房子。想来想去,他还是觉得把房子背在背上稳妥些。

从此,蜗牛不论走到哪里,都背着他的屋子。时间久了,蜗牛身上的肌肉和房子粘在了一起。于是,蜗牛就只能走到哪里,就把房子背到哪里了。

启迪

一些人总是把个人的利益放在第一位,可是,不愿意付出,又怎能得到回报呢?我们不能自私自利。否则,就会像蜗牛一样,给自己增加一些不必要的负担。

骄傲的天鹅

从前,有一只水獭和一只天鹅住在一条河上。他们虽然是邻居,但是天鹅很骄傲,她总是夸耀自己长得漂亮、视力好,能看清很远很远的东西。

一天,勤劳的水獭正在河岸上放倒树木,准备盖新房。天鹅自由自在地游来游去,一会儿来到了水獭眼前。水獭见天鹅来到眼前,连忙把木头放在地上,停下工作,上前问候天鹅:"你好,天鹅大姐!"

"哦,原来是你呀!你怎么才看见我呀?真是瞎子!"傲慢的天鹅微微点着头说,"你的这对眼睛啊,迟早会送掉你的性命!猎人可以空手把你捉住,活活地装进

帮助孩子与人交往

口袋里去!"

"你看得远,视力的确比我强,这是毫无疑问的。"水獭说,"可是请你听一听,在前边第二道河湾那边,有没有河水拍岸的声音?"

"哪儿?"

"已经到第一道河湾那边了。"

"没有,什么也没有。你是在故意说谎,存心捉弄人!"

"我的耳朵对于我,就像你的眼睛对于你一样重要。"水獭说,

"再见吧,天鹅大姐!"说完,他就钻进水里去了。

"你……你这个瞎子!"天鹅不服气地嘟囔着,"纯粹是胡说八道!我的眼睛能够看到所有将要发生的事情,你的破耳朵怎么能和我的眼睛相比呢!真是岂有此理!"天鹅越想越高傲,并把她那雪白的脖子伸得更长了。

正当她得意忘形地东张西望时,坐着筏子划过来的猎人,早就拿猎枪瞄准了天鹅。骄傲的天鹅还没有来得及起飞,就随着"砰"的一声枪响,掉进河里去了。

启迪

看得远,是天鹅的长处;听得远,是水獭的长处。骄傲的天鹅只看见了自己的长处,并以自己的长处去嘲讽别人,最终落得个可悲的下场。

 帮助孩子与人交往

一个善良的穷孩子

从前,有个可怜的女人,她有四个女儿。由于家里非常穷,一件旧衣服四个女儿轮着穿,等轮到最小的女儿时,那件衣服早就已经破烂不堪了。

一天,最小的女儿再也忍不住了,她流着泪告别了妈妈。路上,她看见一只蜘蛛在几根树枝之间结着网,小姑娘怕弄坏它们的网,就从旁边绕过去了。

小姑娘向前走了一会儿,她发现一棵树底下躺着一只乳雀。原来它是从树上掉下来的。

　　善良的小姑娘俯身用小手把它捧起来，然后，哈着热气，给它暖暖身子，还让路过的一个男子将小乳雀重新送到了窝里。

　　小姑娘继续朝前走，不一会儿，她遇上了一片灌木丛，她想穿过去，可她的衬衫突然被荆棘钩住了，撕开了几个大口子。这样，她的全身几乎都裸露出来了，小姑娘伤心地哭起来。

　　一只小羊羔正在附近找吃的，它听见哭声，就走过去安慰小姑娘并在灌木丛里转起圈儿来，它身上的羊

帮助孩子与人交往

毛纷纷落下来，挂在一根根荆棘上，小姑娘就跟在小羊后面，拾起了羊毛。

"谢谢你，小羊！我现在就赶回去，让我母亲把羊毛纺成线，织成布。"

小姑娘和小羊羔告别后，高兴地回家了，回去的路上，她又遇见了曾救过的那只乳雀。乳雀的妈妈为了感谢小姑娘，就帮她把羊毛捻成了毛线。小姑娘路过蜘蛛那儿。蜘蛛为了感谢小姑娘，就帮她把毛线织成了一块布。

小姑娘又蹦又跳地回到家，把布交给了妈妈。妈妈非常高兴，赶快为她缝了一条小裙子，她穿在身上一试，真是漂亮极了。

启迪

女孩儿虽贫穷但有一颗爱心，她以她的善良去帮助别人，所以，也得到了别人的感恩回报。小朋友，你有女孩儿这样的爱心吗？

泥姑娘

有一天,一位会捏泥人的老爷爷捏了一个泥姑娘。

老爷爷打开窗子,把泥姑娘搁在窗台上,让她晒晒太阳,吹吹风。泥姑娘觉得舒服极了。

到了晚上,"轰隆隆"打起雷来,接着就下起了大雨。泥姑娘正想从窗台上跳到屋子里去,忽然听到一个很细很细的声音说:"哎哟,哎哟,有谁来救救我呀!"

原来在石榴树下,有一只小蜜蜂,翅膀上沾了泥,怎么也飞不起来了。

"多可怜的小蜜蜂啊!她会被大雨淋死的。"泥姑娘抓住窗边的丝瓜藤,慢慢地滑到了地上。

泥姑娘找到了小蜜蜂,把她抱在怀里。石榴树上的一个大石榴看见了说:"多好的泥姑娘啊!多勇敢的泥姑娘啊!"

大石榴说话的时候,一颗石榴子"啪"地掉下来,正好落在泥姑娘的头上。

泥姑娘抱着小蜜蜂赶紧往回跑。跑着跑着,她觉得自己的身子软软

的，泥姑娘实在太累了，往窗台上一坐，就再也站不起来了。她的身子渗透了雨水，变成了一堆泥。

天亮了，风雨停了，小蜜蜂醒过来了。

她张开翅膀，绕着屋子飞了三圈，却找不到小姑娘。忽然，她看见窗台上那堆泥土里，有一颗鲜红的石榴子。

小蜜蜂明白了，救她的泥姑娘，已经变成一堆泥了。

泥姑娘为了救小蜜蜂，不惜牺牲自己的性命，这是多么崇高的精神啊！小朋友，我们要学习泥姑娘的精神，当别人有困难时，我们要尽自己的全力帮助别人。

大家的星星

夜晚,小狐狸在门口看星星。他头顶上有颗星星突然掉了下来,变成了流星。在夜空里,流星划过了一道亮亮的白线。

"扑通",流星就掉在小狐狸的面前,闪出最后一线光亮后熄灭了,变成了一块黑石头。

小狐狸很难过:星星昏过去了吗?

他用一根漂亮的丝带把黑石头扎好,挂在家门口。

他对黑石头说:"虽然你不会亮了,可我还要每天看着你。"

第二天早上,太阳升了起来。金色的阳光,给黑石头涂上了一层金色的光彩。整整一天,黑石头都沐浴在阳光下。

到了夜里,当天上的星星都出来的时候,挂在门口的黑石头也一闪一闪地亮了起来。啊,她又变成了星星,变成了一颗金色的星星,发出和太阳一样亮的光。

牧场里的伙伴们,都来看这颗又亮起来的星星。小狐狸把她从带子上解了下来,让大家都来摸一下星星。

忽然,星星一跳,就往天上飞去了。大家都呆呆地望着远去的星星。

"你就这么一声不响地飞走了吗?"小狐狸心里很难过。

松树枝上,那根空空的丝带,在风里轻轻地飘着。小狐狸抓住带子,轻轻地拉了一下,奇迹发生了。

那颗金色的星星,向小狐狸飞来了。她的

帮助孩子与人交往

后面,还跟着很多很多的星星。她们都飞到了牧场里。

星星们围成了一个大圆环,绕着大家跳舞。彩色的圆环不停地旋转着,多么好看啊!

跳了好一会儿舞,星星们才飞回到天上去。飞在最后面的,是那颗金色的星星,就是那颗被小狐狸救活的星星。

小狐狸门口的丝带,一直挂在那里,只要牧场有什么高兴的事要庆祝,小狐狸就会拉一下丝带,请星星们下来跳舞。

那颗金色的星星,总是最先飞来,最后飞去。

小狐狸说:"那是我的星星,也是大家的星星。"

启迪

小狐狸有一颗善良的心,是他救活了星星;星星有一颗感恩的心,她给小动物们带来了快乐。人与人之间,如果都像小狐狸和星星这样,那该多么美好啊!

小鸟和大熊

小鸟和大熊是好朋友。小鸟在树枝上唱歌,大熊在下面的树洞里睡觉。

冬天来了,小鸟要飞到温暖的南方去了,大熊也要进树洞里睡觉了。他俩约定,明年春天再见面。

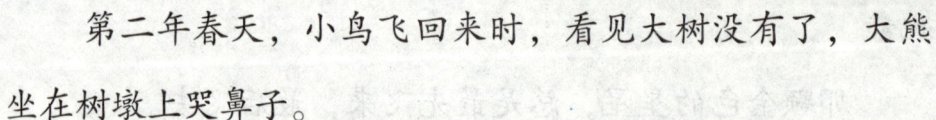

第二年春天,小鸟飞回来时,看见大树没有了,大熊坐在树墩上哭鼻子。

小鸟问:"大熊,我们的大树呢?"

"大树让伐木工人锯走了!"大熊伤心地说。

"别难过,只要树根还在,大树就会发出新芽。"小鸟说。

小鸟和大熊找呀找,真的在树墩边上找到了一棵小小的新芽。

帮助孩子与人交往

没有大树,小鸟上哪儿去玩呢?大熊眨眨眼睛,站到树墩上,装扮成一棵神气的大树。小鸟飞到"熊树"上,唱起了快乐的歌。小鸟唱呀唱,大熊笑了,随着歌声摇摆,他们跳起舞来。

"你真是一棵有趣的树!"小鸟夸奖大熊。

小鸟请来别的鸟儿,还请来小

松鼠，一起在"熊树"上开音乐会。大熊笑着，在山坡上奔跑。鸟儿围着大熊飞，松鼠追着大熊跳，热闹极了。

小嫩芽在歌声和笑声中长呀长，很快就长成了一棵小树苗。

冬天又来了，小鸟又要飞到温暖的南方过冬去了，大熊又要进树洞里睡觉了。他俩约定，第二年春天再见面。

第二年春天，小鸟飞回来的时候，看见大熊和一棵挺拔的小树站在一起，挥着手说："欢迎，欢迎！"

小鸟又可以在树上唱歌了。有的时候，小鸟也飞到大熊的头顶上玩一会儿，因为她很喜欢这棵会跳舞的"熊树"。

启迪

小鸟和大熊的友谊，真让人羡慕！这是他们相互帮助、相互信任的结果。生活中，你和朋友相处时，也像他们这样相互帮助、相互信任吗？

 帮助孩子与人交往

脏嘴巴的小白兔

小白兔学了一句骂人的话,他觉得很好玩,就老说这句话。

小白兔跟小猴子玩跳绳。小猴子不小心,绊了他一跤。小白兔就拿这句话骂小猴子。

小猴子不理小白兔了,他说:"你嘴巴脏,我不跟你

玩！"小白兔赶紧回家漱口，心想：这下子，我的嘴巴不脏了！

小白兔跟小鸭子一起划船。小鸭子不小心，把水花溅到他身上。小白兔又拿这句话骂小鸭子，小鸭子说："你嘴巴臭，我不跟你玩！"小白兔赶紧跑回家，戴上口罩，心想：这下子，人家闻不到我嘴巴臭了！

可是，大家还是说小白兔的嘴巴脏、嘴巴臭，不愿意跟他玩。小白兔哭了，说："我刷了牙，漱了口，还戴上了口罩，怎么

帮助孩子与人交往

还说我嘴巴脏、嘴巴臭啊!"朋友说:"我们不是说你不卫生,是说你爱骂人,说脏话,不讲礼貌!"小白兔低下了头,说:"哦,我明白了!"以后,小白兔不说脏话了,大家又和他一起玩了。

有一次,小黑熊跑着跑着,不小心把小白兔撞倒了。小黑熊赶紧把小白兔搀起来,问他:"你跌疼了吗?"小白兔笑着说:"哦,没关系,没关系!"小白兔不小心,把小花猫的衣服弄脏了,他赶紧用自己的手帕帮小花猫擦干净,还说:"对不起,对不起!"

大家都高兴地说:"小白兔懂礼貌了,嘴巴变香了!"

启迪

骂人、说脏话是不文明的行为,有这种行为的小朋友是得不到大家喜欢的。就像文中的小白兔,没人愿意和他玩。小朋友,我们要做一个讲文明、懂礼貌的孩子,你说对吗?

彼得和他的邻居

彼得是一个玩具商人。有一次,他到外地做生意,就把所有的白银寄存在一个信任的邻居家中。

临走的时候,商人叮嘱邻居一定要给他好好儿保管,因为这是他全部的财产。邻居拍着胸脯做了保证。

生意做成回家后,彼得向邻居要自己的白银。可白银早就让贪心的邻居转移

帮助孩子与人交往

到别的地方去了。

邻居装作难过的样子说："你的白银全让老鼠给吃光了！你千万不要怪我呀，因为我不能整天看着那么多的老鼠呀！"

彼得知道自己被邻居骗了，但仍然装出一副信以为真的样子。

过了几天，他安排人偷偷地藏起了这个黑心邻居的儿子。然后他邀请孩子的父亲赴晚宴。

这位邻居一见到商人，就哭了起来，说："我现在哪儿还有胃口吃东西呀，我儿子不见了！"

彼得笑眯眯地说："我昨晚看见一只海鸥叼走了你的

孩子,一直向大海边飞去了。"

邻居叫了起来:"这怎么可能呢?海鸥能有多大的力气?怎么叼得动一个孩子呢?"

彼得严肃地说:"怎么不可能,您想想,那么多的银子都能被一群老鼠给吃光,那么海鸥当然也能叼走你的孩子了!"

邻居终于明白了彼得话中的意思,他非常羞愧,请求彼得原谅他,并且把银子还了回来。

启迪

彼得的这位邻居真应该感到脸红、羞愧,他明明向人家许下了诺言,却不守信用,还想将人家的白银占为己有。这样见利忘义的人必定会受到惩罚的。

两串钥匙

秋天,山上的野果成熟了。动物小村的小动物们纷纷上山采野果。

小刺猬的动作快,很快采到了半篮野枇杷。他继续寻找,想采一些野葡萄。这时,他看见一块石头旁有一串钥匙。"这是谁丢失的呢?不管它,采我的葡萄要紧。"小刺猬从旁边走了过去。

太阳快要落山了,小刺猬高兴地提着野枇杷和野葡萄下山。

回到家门前,小刺猬掏钥匙开门。可是,掏遍了身上的口袋,也没有钥匙。钥匙丢了!

这时,小兔匆匆跑来,她手里拿着一串钥匙:"小刺猬,你有没有丢钥匙?我在山上捡到了一串钥匙,小松鼠说可能是你丢的。"

小刺猬一看,真的是自己的!他接过钥匙,正要道谢,一旁经过的小猪问小兔:"小兔,你自己的钥匙找到了吗?"

帮助孩子与人交往

"没有。"小兔回答。

"你的钥匙也丢了?"小刺猬很意外。

"是的。"

小刺猬顿时想起了自己在山腰看到的那串钥匙,他的脸立即红起来。"你等我!"小刺猬说着就往山腰跑去。

天要黑时,小刺猬才从山上回来,他捡回了小兔的钥匙。

"谢谢你,小刺猬!"小兔接过钥匙感谢道。

"我更要谢谢你!"小刺猬说,"我以后一定会做得更好。"

启迪

小兔主动地捡起钥匙并交还失主,小刺猬后来也学着小兔的样子,把发现的钥匙捡了回来交给小兔。小朋友,小兔的热情助人,小刺猬的知错就改,真值得我们学习啊。

找朋友

自从十星瓢虫听到一只七星瓢虫从他身边飞过时唱的一首歌后,他就萌发了一个愿望:像七星瓢虫那样唱着一首歌,展翅飞在空中……

他决心要找到那只七星瓢虫,向他学会那首歌。

他满世界地找起来,终于,七星瓢虫被他找到了。

十星瓢虫对七星瓢虫说了事情的经过,七星瓢虫对十星瓢虫说:"好啊,来,我们一起飞,我们一起唱。"

十星瓢虫很快学会了那首歌,他和七星瓢虫一起唱着,展翅飞在空中……

一个小男孩儿从他们身边经过,喊道:"七星瓢虫,你怎么和十星瓢虫一起玩儿?"

七星瓢虫说:"他是七星瓢虫,不是十星瓢虫,你弄错了。"

帮助孩子与人交往

小男孩儿说:"你才错了呢,不信,你数数看。"

七星瓢虫数起来……

"原来,你不是七星瓢虫。"七星瓢虫说。

十星瓢虫听了,含着泪飞走了。

十星瓢虫飞走后,七星瓢虫觉得再也快乐不起来了。

七星瓢虫把十星瓢虫当成了七星瓢虫,是因为,他找朋友不靠眼睛、不靠鼻子、不靠耳朵,是靠心。

七星瓢虫越来越想念十星瓢虫,他决心去找十星瓢虫。

七星瓢虫满世界地找,他在草丛里找,在树叶上找,在庄稼地里找,终于,他在一棵菊花的花瓣下找到了十星瓢虫。十星瓢虫藏在花的背面,正在伤心呢。

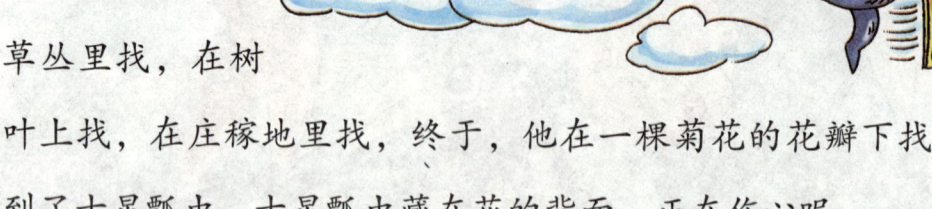

"可找到你了,十星瓢虫,我的好伙伴!"七星瓢虫飞过去说,"别伤心了,你看,我不是满世界地飞着来找你了吗?"

他们又在一起唱着歌,展翅在空中飞……

他们比以前更快乐了。

启迪

朋友是快乐的源泉。你看,没有十星瓢虫的日子,七星瓢虫也快乐不起来。我们只有付出真心,真诚地对待朋友,这样才会拥有更多的朋友。

大象和蚂蚁

大象和蚂蚁做了朋友。

蚂蚁精通气象学。在一场暴风雨的前夕,蚂蚁找到了大象,他费了好大的劲儿才爬到大象的耳朵旁边。

"大象！大象！"

"啊……谁叫我呀？"大象笨头笨脑地四下观望。

"是谁呀？快出来，别跟我开玩笑了！"

"是我，小蚂蚁呀！我就在你的耳朵旁边！"

"你这小家伙！有什么事吗？"

蚂蚁说："大象哥，我是来告诉你，马上将有一场暴雨，暴雨之前还有可怕的大风。"

"我明白了，"大象点点头，"你是要说，在风雨到来的时候，让我用一个脚指头替你堵住门口。"

"不，我都准备好了。我是特地来告诉你的，这次风雨不同以往，你得小心呢！"

大象笑了笑，他很感谢小蚂蚁对他的关心。但是很快他就把这件事忘在脑后，因为他仗着自己的个头儿大，并没把小蚂蚁的话放在心上。

可是这一次,大象却错了。因为这是一次龙卷风,它能够把一座楼房卷到半空,何况是大象呢。在大风来临的时候,大象受不住了,心慌了,腿软了。他伏下身,又站起来;刚站起来,又伏下去。就在这时,他忽然听到一个微弱的声音:"大象哥,快来呀,顺着这条沟跑进那个密

林里！一会儿，还有更大的风呢！"

这是小蚂蚁的声音。原来蚂蚁估计大象会大意的，所以他就不顾一切地跑来找大象。

大象清醒了，慌忙向密林跑去。大象找了个比较安全的地方躺下来，喘着粗气。

蚂蚁呢，这时也不能回家了，就在大象的耳朵里面睡着了。此时，大象是多么感激他的这位好朋友呀，他的大耳朵一动不动地为小蚂蚁挡着风雨。

启迪

在暴风雨中，大象非常感激他的朋友蚂蚁。他一定后悔当初没有听朋友的劝告。小朋友，我们要吸取大象的教训，要认真听取朋友的意见，这样，才会避免一些不必要的失误。

青蛙与癞蛤蟆

青蛙与癞蛤蟆是邻居。癞蛤蟆一直羡慕青蛙浑身漂亮的花纹,为自己的黑暗皮肤暗自伤心。他总想着如何美容一下,也拥有一身漂亮的衣服。

一天,癞蛤蟆找到青蛙,癞蛤蟆问道:"兄弟,你说我们都生活在相同的水里,为何你的身体是那么漂亮迷人,而

我的身体却是如此难看。你有什么秘诀吗？"

"没有啊，"青蛙闪动着大眼睛笑了笑，"不过，我听妈妈讲过，在我出生的时候，用开水洗了个澡……"

癞蛤蟆一听就高兴了："我明白了，原来你是因为从出生开始，就洗热水澡才如此漂亮！哈哈……"

青蛙的话还未说完，癞蛤蟆就三步并作两步跳着回家去了。

帮助孩子与人交往

青蛙不知道癞蛤蟆走了，还在继续说："等开水凉了跳进去，洗完澡后，晾干身子再抹一层油。"

可是，癞蛤蟆哪有耐心听他讲完这段话。癞蛤蟆回到家里，就让妈妈烧了一大锅开水。他要把以前没洗的热水澡都补上。水刚烧开，癞蛤蟆一下子跳进沸水中……

哎呀，惨不忍睹，你想癞蛤蟆那副可怜相有多可笑吗？通红通红的大泡起了一身，痛得癞蛤蟆眼泪直流，他发誓再也不洗热水澡了，也不再相信小青蛙了。过了好些天，这些血泡才变成黑色的疙瘩。癞蛤蟆更丑了。

启迪

癞蛤蟆太心急了，才听了一半话，就以为什么都明白了，结果被烫得满身是泡。小朋友，希望你记住：听别人讲话的时候，不要自以为是！

快乐王子

在一个城市的广场中心,耸立着一座古代王子的雕像。人们都称他为快乐王子。

快乐王子站在那里俯视着整个城市。这一年,冬天来了。燕子们也已成群结队地飞到温暖的地方去了。有一只掉队的燕子停在快乐王子的脚下,准备休息一会儿。忽然,燕子觉得有一滴又一滴水落到了她身上,燕子抬起头来,发现水滴是从快乐王子的眼睛中流出来的。燕子问快乐王子:"你有烦恼吗?"快乐王子回答道:"我看见有许多穷人在受苦,所以才难过呀!"王子请求燕子把他剑柄上的那枚名贵的红宝石取下来,去送给一位贫穷的女裁缝。

燕子起初不答应,然而,禁不住王子的一再请求,

帮助孩子与人交往

终于啄下那颗红宝石给女裁缝送去了。

第二天,王子对燕子说:"请你再停一天吧!我看见城市那边一个小屋里,有个穷学生冷得连一个字也写不下去。请你把我的右眼取下来,送给他吧!我的眼睛是蓝宝石做的,可以卖些钱呢!"

燕子抵不过王子苦苦哀求,只好同意了。

第三天,燕子向王子告别。王子说:"小燕

子,请你再停一下吧。请你把我的左眼取下来,送给广场上那个可怜的卖火柴的小女孩儿,她已经饿了一天了!"

燕子哭起来,她说:"亲爱的王子,你会变成瞎子的!"可王子一再请求。

燕子回来后,王子说:"再见吧,燕子!你到南方去吧!"燕子说:"不,我要陪伴你!"

从此,快乐王子每天都请求燕子,把自己身上贴着的金片取下来送给穷人。天气越来越冷,王子身上的金片也取光了。一个极冷的夜晚,卧在王子脚下的燕子冻死了。

当人们走过广场时,发现快乐王子又瞎又难看,还有一只死燕子躺在他的脚下。于是人们推倒了这座雕像。

启迪

快乐王子和小燕子,把自己完全地奉献给了那些需要帮助的人。他们失去了很多,但他们是快乐的。小朋友,向他们学习吧,你也会因帮助了别人而分外地快乐!

仙女

有一个又懒惰又骄傲的母亲,她有两个女儿。

母亲溺爱着她的大女儿,却很歧视小女儿。

有一天,小女儿在泉边打水,有一个可怜的乡下女人来向她讨水喝。

"好的。"小女儿说着,立刻把水罐洗了洗,打了最干净的水递给乡下女人,还小心地帮她托

着水罐,让她喝起来方便一点儿。

那女人其实是位仙女,她很喜欢善良的小女儿。

"好姑娘,我要送你一件礼物。"仙女说,"从现在起,你每说一句话,你就会吐出一朵花儿,或是一块宝石。"

小女儿回到家中,她说话的时候,嘴里不断吐出鲜花和宝石。母亲十分惊奇,小女儿只好把泉边的事情告诉了她。母亲听了,便让大女儿也去泉边打水,希望她也能像妹妹那样好运。

大女儿很不情愿地拿着家里最美的银瓶来到泉边,不一会儿,她就看到了仙女。

帮助孩子与人交往

骄傲的大女儿对仙女不屑一顾。

"你真没礼貌。"仙女说,"从现在起,你每说一句话,你就会吐出一条蛇或是一只癞蛤蟆。"大女儿回到家,母亲发现她吐出的是蛇和癞蛤蟆,认为是小女儿在捣鬼,就责罚小女儿。小女儿没办法,只好逃走了。

她逃到森林中,遇见了一位打猎归来的王子。她的善良和不幸的遭遇,深深地打动了王子,王子将她带回王宫,他们结婚了。

而她的姐姐呢,却一天比一天叫人厌恶,最后连她母亲也不能容她,把她撵出了家门。

启迪

小女儿善良、懂礼貌,所以有好运相伴;大女儿冷漠、无礼,让人厌恶。我们与人交往时,也要像小女儿那样善良,有礼貌,这样,才会受到大家的欢迎。

快乐泉

传说,深山里有一眼快乐泉,谁只要喝上一小口快乐泉的水,就可以快乐地过一辈子。许多人都梦想找到它,可是,一直没有人成功。

村子里住着一个自私的财主,他每天都不快乐,因为他一个朋友也没有。财主决心去找快乐泉。

财主一连走了好几天,鞋都磨破了,也没有发现什么泉水。一天,他在森林里遇到了一位白发老人。财主问:"老头儿,你知道快乐泉在哪儿吗?"

老人捋着胡子,笑眯眯地说:"我知道快乐泉在哪儿,不过,你得答应我一个条件,我才能告诉你。"财主为了找到泉水,便答应了。

老人接着说:"找到泉水后,你必须让村子里的每个人都喝一口。你能做到吗?"

财主说:"我能,快告诉我泉水在哪儿吧!"

于是,老人把快乐泉的位置告诉了财主。财主按照老人的指引很快找到了快乐泉,财主高兴极了,他装了满满一大瓶泉水。

回家的路上,财主边走边想:"我费了这么大力气才找到泉水,却要与人分着喝。哼,真是岂有此理!我才不会那么傻呢!这瓶水绝对不能分给别人,我要把它传下去，让我的子孙世世代代都能得到快乐。"

财主回到家，把门窗都关得紧紧的，然后拿出快乐泉水对妻子说："这就是快乐泉的水，我们每人喝一口，剩下的留给子孙后代。这件事一定要保密，别让别人知道。"

说着，财主打开了瓶盖，奇怪的是，瓶子里根本没有水，倒出来的是一张纸条。纸条上写道：只顾自己快乐的人，永远也得不到快乐！

这下财主可傻了眼，他辛辛苦苦找了那么长时间快乐泉的水，最后却什么也没有得到。

启迪

财主辛辛苦苦找了那么长时间快乐泉的水，最后却什么也没有得到，为什么呢？因为，财主只想着自己快乐，不愿意和别人分享！小朋友，让我们永远记住这句话：只顾自己快乐的人，永远也得不到快乐！

狮子与老鼠

一只小老鼠在树林里跑来跑去,突然,他感觉自己的身下一片松软:"这草堆还真是松软。"小老鼠四处乱踢,施展拳脚。正玩得高兴时,突然感到一只有力的手把自己握得紧紧的。小老鼠正想发怒,低头一瞧,脑子立刻清醒起来,原来自己一直在睡觉的狮子头上乱踢。

看着被搅了美梦而大怒的狮子,正要把自己作为美食下肚,小老鼠立

即向狮子道歉:"狮子大王,请您原谅我吧。是我错了,我不该在您睡觉的时候乱打乱闹,影响您的休息。我以后一定会改正错误,做一个知书达理、懂礼貌的小老鼠。"

狮子瞧见小老鼠面对错误勇于承认,他十分高兴,网开一面,放了小老鼠。

几天后,狮子在追一只梅花鹿时,不小心落入猎人布下的罗网,狮子挣扎了好半天,也没逃脱,他越挣扎,绳

帮助孩子与人交往

索缠得越紧,焦急的狮子一点儿办法也没有。

就在狮子绝望地要放弃努力时,可爱的小老鼠出现了。

小老鼠一边迅速地咬着网绳,一边对狮子说:"狮子大王,您别着急,有我小老鼠在,一定会救您出去的。"

一刻钟不到,绳索被咬断了,狮子得救了。

启迪

小老鼠知错就改,还在关键时刻救了狮子大王的性命。所以,我们不要高傲自大看不起别人,有些朋友平时看似微不足道,却有可能在我们身处困境的时候,给予巨大的帮助。

大乌龟

一次,一只大乌龟被老虎咬伤,眼看就要被老虎吃掉,在这千钧一发之际,一位猎人打死了老虎,将他救出。

从此,大乌龟与猎人建立起友谊。在猎人的照顾下,大乌龟很快恢复了健康。

可没想到,猎人又病倒了。忠于朋友的大乌龟义不容辞地担负起照料病人的重任。猎人口渴了,他爬到湖边,找一个小乌龟壳,擦干净,给猎人舀水喝。为了不使猎人挨饿,他每天跑遍山头,去寻找最甜美的草根。

时间一天天过去,但猎人病情越来越重,必须马上把他送到城里的医院去。大乌龟昼夜兼程,时而翻山越岭,时而

帮助孩子与人交往

陷入泥潭。每隔一段时间，还得解下藤条，把病人放在草地上休息，而后，他还要拖着疲惫的身子，去找吃的。有时，因急着赶路，要连续饿上一个星期。快到目的地时，乌龟已经精疲力竭，生命危在旦夕。想到自己不能动弹，不能救活恩人，他万分难过。这时，大乌龟从小老鼠口中得知，眼前闪着灯光的地方就是城里的医院，他顿时信心

倍增，顽强地前进，终于将猎人送到了城里的医院。

猎人得救了，猎人的朋友——动物园的管理员把大乌龟养在动物园里，大乌龟从此有人照顾，愉快地生活着。猎人也常去看乌龟，对他十分亲热。

启迪

患难之中见真情。在猎人最困难的时候，知恩图报的乌龟来到他的身边，帮助他、照顾他。我们对待朋友，也应该像他们学习！

鱼兄弟

有两条小鱼,他们在一个大湖里长大。一天,湖边飞来一只嘴巴尖尖的野鸟。野鸟焦急地对两条鱼说:"你们为什么还住在这个湖里呢?明天,太阳就会晒干湖里的水,你们快逃吧!"

鱼弟弟一听,吓得直哆嗦。

野鸟说:"不要怕,这好办,在山那边有一个更大的

湖,要是你们愿意,我把你们带到那里去吧!"

鱼弟弟一听高兴极了。鱼哥哥告诫他说:"太阳肯定不会一天就晒干整个湖的水,这事应该小心些才好。"

胆小的鱼弟弟根本不听鱼哥哥的话,非要让野鸟用嘴衔着他先走了。飞到半路,野鸟就把鱼弟弟当做午餐了。

过了两天,野鸟又飞来欺骗鱼哥哥说:"鱼弟弟在山后那个大湖里很想念你,叫你也去,他在那里可舒服了。"

聪明的鱼哥哥早就识破了野鸟的诡计,假装同意地说:"那好,

帮助孩子与人交往

请你把头伸到水里来，你不衔我，我怎么离开这里呀？"野鸟听了，心中暗自庆幸，就把头挨近水面，鱼哥哥趁机猛地一下跃出水面，张开嘴用力咬紧野鸟的脖子，把野鸟拖到水里，活活地淹死了。

启迪

　　鱼弟弟之所以被吃掉，是因为他过于相信野鸟的话。以后，我们和陌生人接触时，不要轻易相信陌生人的话。遇到问题要学习鱼哥哥，多动脑子多分析。

猫鼠交友

很久以前，猫和老鼠是好朋友，他们住在同一屋檐下。

冬天要来了。猫说："可爱的小老鼠，我们该准备一些食物过冬了，不然我们会挨饿的。"

老鼠高兴地说："我们买一罐猪油吧，又好吃，又能充饥。"为了防止外人偷吃，他们决定把猪油放在教堂的祭坛下面。

可过了几天，老鼠嘴馋了，他笑眯眯地跟猫说："亲爱的朋友，我有个表姐，刚刚生了一只小老鼠。她请我去帮忙给孩子取个名字。我出去一天，你在家等我，千万别乱跑。"说完就走了。老鼠在外面瞎转了一会儿，就直奔

教堂去了。他掀开油罐盖子,头都不抬地吃起猪油来。回家前,他还不忘把沾在嘴上的猪油擦干净。回到家,猫问:"给孩子取什么名字啊?"老鼠转了转眼珠儿说:"叫'去一半儿'。"

没过几天,老鼠又想起猪油的美味,口水都要流出来了,他又对猫说:"我诚实的朋友,又有人请我去给孩子

取名字,你在家里等我,千万别乱跑。"说完径直跑到教堂里,把剩下的猪油都吃光了才回来。回到家,猫又问:"孩子的名字叫什么啊?""一扫光。"老鼠说完就倒在床上睡着了。

冬天到了,外面下起了鹅毛大雪,没有什么吃的了。

猫来到教堂取油罐,罐子还在,可里面却一点儿猪油也没有了。憨厚的猫这才恍然大悟,他气愤极了,回到家中,把老鼠一口吞了下去。

从此,老鼠只要见了猫,就跑得远远的!

启迪

这只小老鼠真不讲信用,明明说好是两个人共享的食物,他却一个人独吞,这种行为多可耻啊!怪不得猫会吞了他呢!

小花猫盖新房

小花猫要盖新房了,朋友们刚一听说这个消息就来帮忙。大象到树林里,运来一根又一根圆木;山羊和小花狗把圆木锯成一样厚的木板;不一会儿,小熊和小公鸡,就用木板钉成了一座漂亮的小房子。

汗水湿透了朋友们的衣衫,小花猫非常感谢大家的帮忙。他说:"等我把房子装饰好,就请大家来做客。"

小花猫在墙上贴了奶白色的壁纸,屋里亮堂多了;小花猫又给玻璃窗挂上了鹅黄色的窗帘,屋里光线变得真柔和;小花猫在地上铺了花

地毯，呀，走在上面真舒服……

好多天过去了，朋友们问小花猫："今天可以到你家做客吗？"小花猫说："不行，不行，现在正下雨，你们会把新房子弄脏的。"

又过了几天，朋友们又说："小花猫，今天不下雨了，可以到你家做客吗？"小花猫说："不行，不行，你们没看见天正刮风，你们来会把新房弄脏的。"

又过了几天，不下雨，也不刮风，太阳红红的，天气暖暖的，小花猫说："朋友们，请你们来我家做客吧！"

朋友们高兴极了，大象想了想，对朋友们说："小花猫家铺了地毯，我们带着干净的鞋子去吧！"于是，有的夹着

帮助孩子与人交往

新鞋,有的包着刚刚刷过的干净鞋,笑嘻嘻地朝小花猫家走去。

到了小花猫家门口,大家都换上了自己带来的干净鞋,刚要进门,小花猫却端来一盆水说:"穿鞋会踩坏地毯的。大家脱了鞋,洗洗脚再进来吧!"

大象和小熊看看自己的脚,又看看那个小小的脸盆,心里很不是滋味,都摇了摇头说:"算了,我们不进去了!我们的身体那么重,会把你家的地毯压坏的。"说完,他们气呼呼地走了。小山羊、小花狗、小公鸡见大象和小熊走了,说:"我们也不进去了!"

从此,大家再也没到小花猫家做过客,谁也不愿再找小花猫玩,每天和小花猫做伴的只有那座干净的新房子。

启迪

小花猫太自私了!大家帮助他盖好房子,他却嫌弃起小伙伴来,这深深地伤害了朋友!怪不得大家都不愿跟他玩了。小朋友,你可别像小花猫这样对待伙伴儿哟!

猎狗

有两条猎狗，长得十分相像。一样的体魄，一样的黑毛，甚至连奔跑的速度也差不多。

唯一不同的就是：一条猎狗先来到主人的身边，一条猎狗后来到主人的身边。主人把先来的叫做大黑，把后来的叫做二黑。

大黑想，本来好好儿的，自从二黑来后，一切都乱了套。明明是老二，却总想着和我攀比。吃东西要和我一样，睡觉要守着主人，最让人受不了的是，狩猎还想跑在我前面。唉，要是没有这个该死的二黑，该有多好！

帮助孩子与人交往

正是这个原因,大黑对二黑十分不满。

这天,大黑二黑随主人外出狩猎。

二黑跃跃欲试,很想一展身手。

大黑看出了二黑的心思,没等主人发令,就飞也似的朝丛林深处奔去。

大黑要在主人面前领头功呢。

可是,大黑在丛林深处碰到的猎物竟是一头

凶猛强壮的大棕熊。

大黑不是胆小鬼，他勇敢地迎了上去。但大黑毕竟不是庞然大物——棕熊的对手，很快，大黑被大棕熊重重地击倒在地……

就在这紧要关头，二黑出现了。二黑吼叫着朝大棕熊扑了上去。大棕熊见不是大黑和二黑的对手，只好悻然离去。

大黑得救了。

望着身边的二黑，大黑这才明白主人的用意：原来，主人是要他们团结一心，共同对敌啊！

启迪

平日里，大黑对二黑十分不满，但危难关头，二黑挺身而出，救了大黑的性命。二黑真是我们大家学习的好榜样！

年轻的公鸡

公鸡父亲感觉自己的生命快要走到尽头了,就对守候在侧的年轻公鸡说:"孩子,我在世的时间不多了。往后,每天早晨呼唤太阳的重任,得由你担当起来了。"

年轻的公鸡心中充满哀伤,他看着父亲徐徐合上了眼。

第二天一大早,年轻的公鸡就飞到谷仓顶上,高高挺立在那儿,脸向着东方。

"我必须让自己发出最大的声音。"他说着,便抬头"喔喔"啼鸣。

然而,从他喉咙里发出来的是一种缺乏力量的"嘎嘎"声,而且不是一气呵成的。

太阳没有升起来,东方天空上依旧遮蔽着乌云,毛毛细雨依旧下个不

停。畜牧场上的动物们都来责怪小公鸡。

"这下可糟了！"猪叫嚷着说。

"我们需要阳光！"羊"咩咩"地说。

"公鸡，你得叫得更大声些！"牛说，"太阳离我们远着呢，你叫得声音那么小，他能听见吗？"

第二天早上，年轻的公鸡又早早起来，飞上谷仓顶。他深深吸进一口气，伸长脖子，放开喉咙大声啼鸣。这次发出的声音洪亮多了，并且

帮助孩子与人交往

显得很有力量,是他开始学啼鸣以来所从来没有过的。

"这是什么声音?"猪问。

"我的耳朵似乎被震聋了!"羊说。

"我的脑袋都听得快要炸了!"牛说。

"很抱歉,"年轻的公鸡说,"但是,我在尽我的职责。"

他很努力,却遭到了别人的埋怨,心里感到莫大的委屈,甚至是一种对他心灵的伤害。不过,他的努力没有白费,他终于看见,一轮红日正从丛林后面冉冉升起。

启迪

很多时候,我们也像这只小公鸡,要做好一件事,不仅需要战胜自己,还要承受别人的责怪。小朋友,在以后的生活中,希望小公鸡能成为你的好榜样!

红红的苹果

小熊在院子里种了一棵苹果树。小熊给苹果树浇水,小猴子看见了,忙过来帮他抬水。

小熊乐呵呵地对小猴子说:"等苹果熟了,我请你吃甜苹果。"

小熊给苹果树施肥,小花鹿看见了,忙过来帮他挖坑。小熊乐呵呵地对小花鹿说:"等苹果熟了,我请你吃甜苹果。"

帮助孩子与人交往

小熊给苹果树捉虫子,小山羊看见了,忙过来帮他一起捉虫。小熊乐呵呵地对小山羊说:"等苹果熟了,我请你吃甜苹果。"

小熊的苹果树长大了。满树粉粉的花儿谢了,枝头上挂满了苹果。小熊心里别提有多高兴啦。

可是一天夜里,突然刮了一场很大很大的风,把苹果都吹落了。小熊望着一地的苹果,伤心地哭了。

小猴子、小花鹿和小山羊听见哭声都跑来安慰他。

大家说:"我们都好好儿帮你,明年一定会结出又红又大的甜苹果。"

第二天,小熊爬到树上去捉虫,发现叶子里还藏着一个苹果。他想:"一个苹果也不够大家吃呀,我还是自己留下吧。"于是,小熊又用叶子遮住了苹果。

苹果越长越大,越长越红。

一天,小猴子、小花鹿和小山羊又跑来了,他们说:

"再给你的苹果树浇些水,施些肥吧!"

多好的朋友啊!小熊羞红了脸,低着头不说话。大家以为他还在为吹落的苹果伤心呢,忙安慰他说:"别难过了,明年一定会结满又红又大的甜苹果的。"

小熊再也忍不住了,他拉着大家的手说:"不用等明年了,现在我就带你们去看红红的大苹果。"小熊带朋友们来到树下,大家扒开密密的叶子。"呀,大苹果,多红多大的苹果呀!"大家惊喜地叫着,一个个笑得脸蛋儿也像红红的苹果。

启迪

只剩一个大苹果了,是自己吃呢,还是分给大家?小熊被大家的真诚所感动,终于决定跟大家一起分享大苹果。小朋友,生活中,你要是碰上小熊这样的事,该做如何选择呢?

金色的房子

有个小姑娘,住的房子很漂亮,红的墙,绿的窗,金色的屋顶亮堂堂。

一天早晨,小姑娘提着一只花篮,到草地上去采花。

一只小狗跑来对她说:"小姑娘,您早,您那金色的房子真好!"

一只小鸟飞来对她说:"小姑娘,您早,您那金色的房子真好!"

一只小猴跑来对她说:"小姑娘,您早,您那金色的房子真好!"

小姑娘听了这些话,心里真高兴,就和大家一起唱歌、跳舞。小姑娘要回家了,小狗、小鸟、小猴采了许多花,送她到金色的房子跟前。

小狗说:"小姑娘,让我进去玩玩吧。"小姑娘说:"不行,你'汪汪'乱叫,会闹得我睡不着。"

小鸟说:"小姑娘,让我进去玩玩吧。"小姑娘说:"不行,你'扑棱扑棱'乱飞会弄脏房子。"

小猴说:"小姑娘,让我进去玩玩吧。"小姑娘说:"那更不行,你'啪嗒啪嗒'乱跑,会把我家地板踩坏。"

小姑娘说完话,"砰"的一声把门关上了。

小姑娘在家唱了一会儿歌,没人听;跳了一会儿舞,也没人看;她觉得很没趣。她打开窗一瞧,啊,小狗、小鸟、小猴都在草地上玩呢。

小姑娘打开门,悄悄地向草地走去。

帮助孩子与人交往

小狗看见了，说："小姑娘，快来，快跟我们一起玩。"

小鸟和小猴也都走上去欢迎她。

小姑娘说："请你们到我家来玩吧！"

小鸟问："你不怕我弄脏房子？"小姑娘摇摇头。

小狗问："你不怕我闹得你睡不着？"小姑娘摇摇头。

小猴问："你不怕我把你家的地板踩坏？"小姑娘又摇摇头。

大伙儿高兴极了，一起走进金色的房子，一起唱起了歌："红的墙，绿的窗，金色的屋顶亮堂堂……"

启迪

"荣誉从集体中来，快乐从分享中来。"只有跟朋友友好相处，才有真正的快乐，离开了小伙伴，再美丽的房子也没有意义。小朋友，你说是吗？

萝卜回来了

冬天,下了很大很大的雪,天好冷啊!

小白兔出门找东西吃,他一边找一边想:这么冷的天,小猴一定也饿了。我找到东西,去和他一起吃。

帮助孩子与人交往

小白兔挖开雪,嘿,雪底下有两个萝卜。他多高兴啊,抱着萝卜,跑到小猴家。可是小猴不在,原来他也去找吃的了。小白兔把一根萝卜放在桌子上,就回家了。

这时,小猴在雪地里找啊找,一边找一边想:天这么冷,小鹿一定也饿了。我找到东西,去和他一起吃。

小猴扒开雪,嘿,雪底下有几颗花生。他多高兴啊!

小猴带着花生,先回到自己家,看见桌上放着一个萝卜,说:"这是哪来的呀?"他想了想,一定是好朋友送来的,就说:"把萝卜也带去,和小鹿一起吃!"

小猴跑到小鹿家,只见小鹿家门关得紧紧的。他跳上窗台一看,屋子里一个人也没有。原来小鹿也去找东西吃了。小猴就把萝卜放在了窗台上。

这时,小鹿在雪地里找哇找,他一边找一边想:天这么冷,小白兔一定也很饿。我找到东西,去和他一起吃。

小鹿扒开雪，嘿，雪底下有一棵青菜。他多高兴啊！

小鹿拿着青菜，向小白兔家跑去，跑过自己家时，看见雪地上有许多脚印，他想：谁来过啦？

他走进屋子，看见窗台上有个萝卜，他奇怪地说："这是从哪来的？"他想了想，一定是好朋友送来给他吃的，就说："把萝卜也带去，和小白兔一起吃！"

小鹿跑到小白兔家，轻轻推开门。这时，小白兔吃饱了，睡得正甜哪。小鹿把萝卜轻轻放在床边，就走了。

小白兔醒来，睁开眼睛一看：咦！萝卜又回来了！

启迪

一个萝卜传递着朋友之间的友情。瞧瞧他们，有好东西首先想到的就是朋友，这是多么难能可贵啊！我们和好朋友相处，也要学会以诚相待。

兔子的友谊

兔子把脚扎破了，整整一个星期，他都不能走动。刺猬便用身上的刺替兔子背来了浆果、菜叶子，还送来了许多干粮，直到兔子的伤完全好了。于是，兔子说："谢谢你，刺猬。让我与你交个朋友，行吗？"

"当然行，"刺猬说，"好的朋友就应该结交。"

一天，兔子上刺猬家做客，路上碰见了小松鼠，他便停下来和小松鼠打招呼。

"哎哟，小松鼠，你这身皮毛真是太漂亮了，

背上还有一道暗色花纹。让我与你交个朋友好吗?我和刺猬交过朋友,可我不喜欢他,多刺的家伙。"

"好吧,"松鼠说,"不过今天我还有许多工作,改天再谈吧。"

"哎,松鼠,你腮帮子怎么鼓鼓的,是牙痛吗?"

"不,那是核桃。"

"你总是含着核桃过日子吗?"

"怎么会呢。我得把核桃去壳、晒干,然后放入我们的小仓库,预备着过冬。我得走了,以后再和你闲聊。"

过了一星期,兔子到松鼠家做客,在池塘边他看见了小狗。

帮助孩子与人交往

"哎,小狗,等等我!"

"我忙着呢,叫我有什么事?"小狗问。

"你在忙什么?"

"我得去看护那群鹅。"

"哦,是这样。对了,你身上的毛怎么这么长?"

"我生来就这样。"

"我真喜欢你,"兔子说,"我和刺猬交过朋友,后来又与松鼠交了朋友。现在我不想与他们交朋友了,你比他们都好,和我做朋友好吗?"

小狗看了看兔子,然后生气地说:"不,我不想与你做朋友。"说着就朝池塘的另一个方向跑去了。兔子吃惊地愣在哪儿。

启迪

小兔子不懂得珍惜友谊,背后还说别人的坏话,这样怎么能交到朋友呢?其实啊,谁都有缺点,我们应该多看别人的优点,包容别人的缺点,这样才会交到更多的朋友。

一根甘蔗

一天早晨，马妈妈和小马一起在大操场上练跑步，天气很热，他们出了许多汗。马妈妈对小马说："我要上班去了，你也回家吧。"

小马擦了把汗，说："妈妈您先回去，我还要多练一会儿。您让人给我带一根甘蔗来解解渴就可以了。"

马妈妈回到家中，把一根长长的甘蔗清洗干净。看见小猴走过，马妈妈说："小马在大操场上练跑步，请

帮助孩子与人交往

你把这根甘蔗带给他好吗?"

小猴接过甘蔗,就向大操场走去。他一边走一边想:这么好的甘蔗一定很甜,我为什么不先尝一尝呢?于是,他在甘蔗靠近根部的那一段咬了一口,好甜!小猴想:这么长的甘蔗,吃掉一截也无所谓。于是,小猴坐下来,津津有味地吃了起来。

小猴见小猪走过来,就把短了一截的甘蔗递上去,说:"这是马妈妈给小马的甘蔗,请你帮忙送到大操场上去吧。"

小猪接过甘蔗,就向大操场走去。他一边走一边想:这甘蔗一定特别甜,我帮着带去,吃一截理所当然。小猪坐下来吃了一截甘蔗。他见小熊走过,走上去说:"这是马妈妈给小马的甘蔗,你帮我带到大操场去吧。"

小熊和小猴、小猪的想法一样,他也吃了一截甘蔗。他又让小牛带给小马,小牛也吃了一截。小牛又让小象带

给小马,小象又吃掉一截。小象来到大操场,把甘蔗交给了小马,小马一看,小象交给他的是一小截不能再吃的甘蔗梢。小象见小马十分疑惑,忙说:"不关我的事,刚才我只吃了一截。"小猴、小猪、小熊、小牛都来了,他们都说自己只吃了一截。

小马自言自语地说:"吃一截甘蔗似乎不能说太过分,但如果再多经过几个人的手,我恐怕连这甘蔗梢也见不到了。"

启迪

的确,吃一截甘蔗不是太过分,可大家都这么做,那结果就很可怕了!你看,小马的一根甘蔗变成了甘蔗梢。生活中,我们要从小事做起,严格要求自己。

小青蛙养大狼

动物园里有很多动物,谁都可以来领养。小青蛙听说了,就来到动物园里,他对管理员说:"我也想领养一位朋友!""你?"管理员说,"你这么小,你能领养谁呢,我的青蛙先生?"

"我先看一看……"小青蛙在动物园里走了走,看了看,说:"河马呢,太大了;老鼠呢,太小了,我就养大狼吧!"

"太谢谢你了!"大狼一听就高兴地嚷嚷起来,

"动物园里闷得慌啊!可是……"大狼想了一下,失望地摇了摇头。

"可是什么呢?"小青蛙问他。

"你哪有本事养我呢?"

"我能养,大狼哥!我保证!我有信心哪!"小青蛙的态度好坚决哟,大狼被他感动了。

小青蛙高高兴兴地把大狼领回了家。

小青蛙家里非常窄,他要扩大水塘,要给大狼盖房子!

小青蛙起早贪黑地干起活来,他执著的精神感动了哥哥弟弟们,也感动了小狗、小猴和大狼。大家一起动手,挖了一个宽敞的大水塘。他们在塘边搭起了小房子,在小房子的

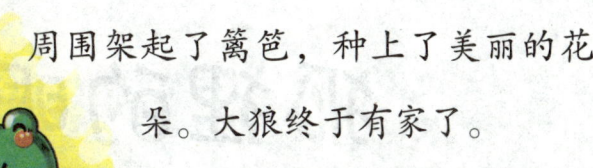

帮助孩子与人交往

周围架起了篱笆,种上了美丽的花朵。大狼终于有家了。

大狼的日子过得可开心了,他为小青蛙捉虫。小青蛙喜欢唱歌,大狼就在水塘边为小青蛙搭了个小舞台。

小青蛙养大狼,小青蛙快乐,大狼也快乐。

有一天,乌鸦对大狼说:"傻大狼啊,你真傻,这不是小青蛙养你,是你养小青蛙呢!"大狼说:"不,您不要这么说,小青蛙有志气,又勤劳,我乐意跟他做朋友。再说,动物园里闷得慌,我在这里非常好!"就这样,大狼和小青蛙在一起,你帮我、我帮你,每天都过得快活极了。

启迪

小青蛙力气不大,但志气不小,他领养了大狼,还为大狼盖了新房。小朋友,你有这样的自信吗?其实,充满自信地去做事,就很容易获得成功,因为自信心会帮你克服一切困难!

狐狸的眼泪

狐狸蹲在河边,琢磨着怎样才能弄到鱼吃。狐狸扭头一看,河里漂着一根木头,木头上站着两只鸥鸟。"哎!鸥鸟,你们那样呆呆站着干吗呀?""捕鱼呀。""请把我也捎上好吗?""那就跳上来吧!"狐狸跳上圆滚的木头,木头在河面上晃荡起来。鸥鸟看情

形不好，就赶紧飞走了。狐狸晃呀晃，"扑通"一声落进了河里。

他好不容易爬上岸，通身的毛皮都已经湿透了。他脱下湿漉漉的毛皮晾在树上，摘下尾巴晒在石头上，接着又掏出一只眼睛，用一根绳子栓住，挂在树上，还对眼睛说："看好我的皮毛，看好我的尾巴，千万别让谁给偷了。"狐狸晒着暖洋洋的太阳，睡着了。这时候，飞来一只喜鹊，看见狐狸的一只眼睛挂在树上，亮晶晶的，非常喜欢，就叼起来飞走了。

狐狸一觉醒来，怎么都找不到自己的眼睛了："这只眼睛真胡闹，叫他看好我的皮毛和尾巴，结果连自己都看不住。"

　　狐狸走进森林,看见树上结着黑果子,就挑了一颗塞进自己的眼窝。"哎,怎么一切都是黑乎乎的?我不喜欢。"狐狸扔掉黑果子做的眼睛,继续往前走。啊!草原上都是红果子,狐狸挑了一颗红果子塞在自己的眼窝里。"啊!一切都是红彤彤的了。"狐狸不喜欢这红眼睛。他扔掉红果子继续往前走。走呀,走呀,看见地上结着冰。狐狸抓起一小块冰塞在自己眼窝里。"啊!一切都是清清楚楚的!我的新眼睛太好了!比原来那只看得还清楚哩!"可是冰块在眼窝里一热,就融化开了,变成了狐狸的眼泪,流了一脸。

帮助孩子与人交往

狐狸没有吃上鱼,却瞎了一只眼,他怕人家笑话,就在森林里一路躲着别人走。

启迪

摘出来的眼睛怎么能看住皮毛和尾巴呢?这只狐狸不动脑思考,白白失去了一只眼。小朋友,我们可要从故事中吸取教训,做事儿多动脑子哟!

小鸭子和他的伙伴们

小鸭子和他的小伙伴小猴、小熊、大白鹅,坐小船到海上去玩儿。海鸥在天空飞来飞去,欢快地叫着:"欢迎!欢迎!"

"嘎嘎嘎……"小鸭子高兴地唱起了歌。

他们划呀划,眼前的大海广阔极了,海风迎面吹来,他们在船上唱啊,笑啊,从来都没有这样欢快过。忽然,海面上刮起了大风,小木船摇摇

帮助孩子与人交往

晃晃,太危险了。

不一会儿,小木船一下子撞在礁石上,被撞出一个洞,海水从洞里一个劲儿地往船里灌。小木船快要沉了,小鸭子害怕极了,他急忙跳下海去,自个儿游走了。

"小鸭子!别离开好朋友哇!"大白鹅喊叫着。可是,小鸭子却头也不回地游远了。小熊和伙伴们急忙往外舀水。小猴找了块木板,不一会儿,把漏洞补好了。大白鹅说:"咱们快找小鸭子去!"小熊生气地说:"不去!他不是离开朋友自个儿走了吗?"

大白鹅说:"在危难时候,他离开朋友不对,要是咱们不管他,那不也是一样不对吗?"

"我们怎么会扔下好朋友呢!"小猴笑着说。

他们驾着小船,顶着大风寻找小鸭子。突然,小猴发现一条大鲨鱼在追赶小鸭子。大鲨鱼张开大嘴,快要追上小鸭子了，小鸭子害怕极了。

小熊连忙把小木船划过去，小猴赶紧把救生圈使劲儿扔给小鸭子。小鸭子抓住救生圈，大家一起拉绳子，小鸭子被救上了船。

大鲨鱼张开大嘴巴，要把他们全吞下去。小熊抄起一把木桨朝鲨鱼打去，正好打中鲨鱼的眼睛，大鲨鱼负伤逃跑了。

大家高兴地跳了起来："大鲨鱼被赶跑了，我们的好朋友小鸭子回来了！"

启迪

危难之时，我们不能像小鸭子那样只顾自己，而要和朋友团结互助，共渡难关。要知道，危难之时，最能见真情。

小猪找伴

　　小猪长大了,要独立生活了。他离开妈妈,在一个山坡上盖了房子。不久,小猪住进新房子,真舒服。可是,整座房子只有他一个人,又没有邻居,小猪感到很孤独。唉,要是有个伙伴就好了。他这么想着,就来找小羊,说:"小羊,请你搬到我房子里住,和我做伴,你愿意吗?"

　　"非常愿意!"小羊高兴地答道。

　　小羊住进了小猪的房子,小猪不孤独了。可是,只过了两天,

小猪就赶小羊走:"你身上有股膻味,真难闻!"

小羊走了,小猪又孤独了。他想起了小猴,来找小猴:"小猴,请搬到我房子里住,和我做伴,行吗?"

"怎么不行!"小猴爽快地说。

小猴来了,小猪不孤独了。但是,也只过了两天,小猪就赶小猴走:"你的手太爱动了,看见什么都要动,真让人讨厌!"

小猴走了,小猪又孤独了。可这又有什么办法呢?

一天,小猪出去散步,他来到山坡下,远远看见小羊和小猴,正坐在一起说话。

小猪悄悄走近些,听到小

帮助孩子与人交往

羊说:"小猪只知道嫌别人,他就不想想,自己晚上打呼噜有多吵人!"

小猪听了,顿时满脸通红,转身就往家跑。回到家里,小猪想啊想,终于想明白了一个道理:谁都有缺点,不肯宽容别人缺点的人,只能永远孤独。想起自己那样对小羊和小猴,小猪感到很惭愧。他飞快地找到小羊和小猴说:"小羊、小猴,我错了,请你们原谅我,再来和我做伙伴,好吗?"

"好!"

于是,小羊、小猴又住进了小猪的房子。小猪再也不孤独了。大家做游戏、讲故事,日子过得快乐极了。

启迪

每个人都有缺点,没有缺点的人是不存在的。所以,谁要求朋友没有缺点,谁就不会有朋友。

霸道的小老虎

很久以前,在森林里住着小猪、小狗、小熊和小老虎。小老虎很不合群,总是不和小猪、小狗、小熊他们一起玩。

有一天,小猪、小狗、小熊一起去集市上买了些好吃的东西。回来后,他们坐在小河边高兴得吃起来了。小猪津津有味的吃着他最爱吃的玉米。小老虎躲在树林里看见了,便冲到小猪

帮助孩子与人交往

面前,一把抢走了小猪的玉米,小猪气得坐在地上哭了起来,小老虎若无其事地走了!

一会儿小老虎吃完了玉米,又发现小狗在啃骨头,便冲了上去抢走了小狗的骨头,小狗气得大哭了起来,而小老虎还是若无其事地走了!小老虎吃完了骨头,又冲到小熊面前抢走了他的蜂蜜!小猪、小狗和小熊三个小伙伴都气坏了,决定想个办法教训一下小老虎。

第二天一大早,小猪就跑到小老虎那儿对小老虎说:"我们发现了一头小狮子,他嘴里咬着个特别漂亮的皮球,我们让他送给你,他不但不同意,还说你是个笨蛋,你快去看看吧"!小老虎听后,气坏了,便对小猪说:"好,带我去看看"。小老虎跟着小猪跑到了庙前的石狮子处,小猪神秘地说:"我不敢去了,就在那儿,你自己

去吧！"说完就跑进树林了。小老虎看见石狮子咬着皮球，便喊道："快把皮球交给我，不然让你尝尝我的厉害"！可是石狮子哪会说话呀，还是一动不动地坐着！小老虎气坏了，张开大嘴狠狠地扑向石狮子，只听"砰"的一声，小老虎坐在地上捂着头号啕大哭，地上还有他的半颗牙齿！这时，躲在树林里的三个小伙伴出来了，对着坐在地上的小老虎说："以后可要记住，不要再欺负别人了，大家友爱才是最好的！"

启迪

小老虎随便抢夺别人的食物，真是太过分了。难怪大家会想出办法让他受到惩罚。小朋友，你可千万别做霸道的"小老虎"噢！

顽皮香蕉

  顽皮香蕉是个聪明机灵的孩子,他有一件漂亮的黄衣服,不过他可一点也不珍惜它。自从看了一部动画片后,顽皮香蕉就学会了用自己的衣服捉弄别人。顽皮香蕉常把衣服放在街口的拐角,别人要是在这里一转弯,立刻就会被香蕉皮滑倒。

  有一天,顽皮香蕉又把衣服放在了路口,想看看有什么人会在路过的时

候摔得四脚朝天。黑乌鸦看见了黄衣服想:"多好看的衣服呀,要是我穿上它,就没有人会骂我是丧门星了。"黑乌鸦用嘴叼走了他的外衣,顽皮香蕉这下可着急了:"快还给我衣服,不准抢走它!"黑乌鸦可不听顽皮香蕉的话,把抢来的衣服穿在身上,向所有飞过这里的小鸟炫耀自己的新装。

顽皮香蕉没了衣服,一阵寒冷的风吹过,冷得他直流鼻涕,他只好找了些树叶来裹住身子。他去请曾经被香蕉皮害得摔跤的小松鼠帮助自己:"你能从黑乌鸦那里帮我讨回衣服

帮助孩子与人交往

吗?""当然行,不过你得发誓,以后再也不用衣服来使坏了!"顽皮香蕉答应了。

小松鼠飞快地爬上了大树。在大树的一个破鸟巢里,黑乌鸦这会儿正睡大觉呢。顽皮香蕉的衣服被他扔到了一边。小松鼠叼住了顽皮香蕉的黄衣服,想把它从黑乌鸦巢里拖出来,可是黑乌鸦正好翻了个身,压住了衣服,这可怎么办呢?小松鼠用树叶引得黑乌鸦又翻了个身,小松鼠赶紧拿起衣服把它还给了顽皮香蕉。顽皮香蕉穿上衣服,急忙向小松鼠道谢:"谢谢你帮我拿回衣服。我会爱惜自己的衣服的。"

启迪

顽皮香蕉在街口的拐角处放香蕉皮,等待别人来踩的行为是不对的。生活中,我们要讲文明,懂礼貌,从小事做起,做一个受人欢迎的好孩子。

系鞋带

一天，阳阳兴高采烈地来到幼儿园。他一进班就对小朋友们说："我会系鞋带！谁的鞋带松了，我帮你们

系。"小朋友们听了,一下子把阳阳围起来。这个伸右脚,那个抬左脚:"请你给我系一下!""麻烦你给我系一下!"阳阳认真地帮小朋友们系好。

这时,李老师看到这一切,便亲切地对阳阳说:"哇!真了不起!谁教会了你系鞋带的呀?"

阳阳红着脸说:"我奶奶。"

李老师笑着摸摸阳阳的头,转过脸对小朋友们说:"今天,我们就请阳阳当老师,教大家系鞋带,好吗?"

"好!"小朋友拍着手回答。

李老师让一个叫玲玲的小朋友把脚搁在小板凳上。阳阳走到玲玲旁边,一边系鞋带,一边说:"两个好朋友,交叉握握手,变个兔耳朵,交叉拉拉手……"

小朋友都瞪大了眼睛,仔细看着,认真听着,嘴里跟着阳阳念着:"两个好朋友,交叉握握手,变个兔耳朵,交叉拉拉手……"

"哈!我会系鞋带了!"玲玲大声喊起来。

"我也会系鞋带了!"

最后,所有小朋友都会系鞋带了,大家高兴得又是蹦又是跳。

阳阳真是个可爱的孩子,不但自己会系鞋带,还教会了其他小朋友。小朋友,你和同学是这样互帮互助、互相学习的吗?

三只蝴蝶

美丽的花园里鲜花盛开了，五颜六色，漂亮极了！三只美丽的蝴蝶红红、黄黄、白白，天天在花园里一块儿跳舞、游戏，非常快乐。

有一天，她们正在草地上玩，忽然下起大雨来，雨点密密麻麻，一下子将地面全都浇湿了。红红、黄黄和白白赶紧去寻找避雨的地方。

她们一起飞到红花那里,齐声向红花请求说:"红花姐姐,红花姐姐,大雨来得太猛,把我们的翅膀淋湿了,把我们淋得发冷了,让我们到你宽大的叶子下避避雨吧!"红花说:"红蝴蝶的颜色和我的一样,请进来!黄蝴蝶和白蝴蝶,别进来!"红红、黄黄和白白齐声说:"我们三个好朋友,相亲相爱不分手,要来一块儿来,要走一块儿走。"

三只蝴蝶一同飞到黄花那里,齐声向黄花请求说:"黄花姐姐,黄花姐姐,大雨把我们的翅膀淋湿了,大雨把我们淋得发冷了,让我们到你的叶子下避避雨吧!"黄

帮助孩子与人交往

花说:"黄蝴蝶的颜色像我,请进来!红蝴蝶和白蝴蝶别进来!"三只蝴蝶一齐摇头说:"我们三个好朋友,相亲相爱不分手,要来一块儿来,要走一块儿走。"

三只蝴蝶又飞到白花那儿,齐声向白花请求:"白花姐姐,白花姐姐,大雨把我们的翅膀淋湿了,大雨把我们淋得发冷了,让我们到你的叶子下面避避雨吧。"白花说:"白蝴蝶的颜色像我,请进来!红蝴蝶和黄蝴蝶别进来!"三个朋友摇头说:"我们……"

太阳公公看见了,连忙把乌云赶走,自己从云层中站出来。啊!天晴了,三只蝴蝶又在跳舞啦!

启迪

风雨中的这三只蝴蝶,不为自己一时的利益而抛弃朋友,这种精神真是太可贵了。我们在与人交往的时候,也不能只想着自己,要学会跟朋友同甘共苦。

五个孩子捡黄豆

手妈妈有五个宝贝孩子,他们是大拇指、食指、中指、无名指和小拇指。

这五个孩子都挺乖巧,做起什么事都互相配合,把事情做得很好,手妈妈可喜欢他们啦!

帮助孩子与人交往

有一天,五个孩子问手妈妈:"妈妈,您说我们谁的本领大?"手妈妈笑

眯眯地说:"宝贝们,你们的本领都很大呀!"可是五个孩子却说:"您得说我们其中哪一个的本领最大?"手妈妈想了想,然后说:"这样吧,孩子们,你们看这碗中有小黄豆,你们谁能单独把他捡起来,谁的本领就最大。"

五个孩子说道:"这还不容易?"说完,他们便单独干起来。

可是真的很奇怪,不管他们怎么使劲,那些黄豆只是在碗里滴溜溜地乱跑,根本不听孩子们的指挥。五个孩子谁也没能把小黄豆捡起来。最后,他们垂头丧气地说:

"唉!我们真没有用啊!"

这时,手妈妈说话了:"只要你们齐心协力,就能成功。现在,你们一起去捡,看看怎样?"五个孩子一起去捡,嘿,这回挺顺利的,一粒粒黄豆很快被捡起来了!原来,团结合作才是最大的本领啊!

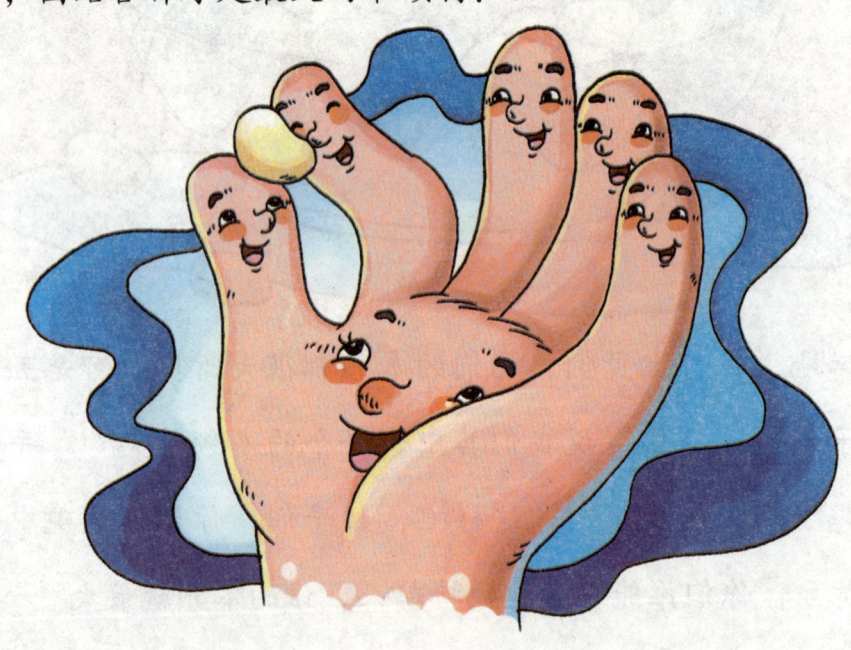

启迪

五个手指长短不一,他们各有各的长处,各有各的不足,只有相互合作,取长补短,他们的力量才是最大的!小朋友,在一个集体中,你也像一根手指一样,只有与别人团结合作,你才能发挥自己的作用。

小白鸭

嘎嘎是一位可爱的小白鸭。她长着一身洁白的羽毛,可神气啦!她有好几个非常要好的朋友,她们团结友爱,感情可好啦!可是小白鸭有个毛病:常常借别人东西忘了还。鸡妈妈的小花盆,兔弟弟的小皮球,还有小胖猪家的小瓷碗……都被她放在自己家里了。

这一天,鸡妈妈从老山羊那儿买回花种,回到家准备种下,才记起小白鸭

没将花盆还给她。"我们一定得想个办法帮助小白鸭改掉这个坏习惯。"鸡妈妈说。"好啊好啊!"兔弟弟和小胖猪连声说道,"可是,想个什么办法呢?"最后,机灵的兔弟弟想出一个办法。

小白鸭最心爱的东西是什么呢?他们想呀想,终于想起来了,小白鸭最爱她那辆红色的自行车。于是,三个朋友决定去找小白鸭借自行车。

他们来到小白鸭的家,小白鸭一听说是要借她的自行车,心里真舍不得,可他们都是自己的好朋友啊。于是,她就把自行车钥匙交给兔弟弟,说:"这是新车,你们要爱惜呀。""放心吧,我们一定会小心的。"三个小朋友齐声说。

一天过去了,鸡妈妈他们没来还自行车;两天过去了,红色小自行车还是没有回来。小白鸭挂念着她的新车了……心想：看来，我只好自己取车了。于是，小白鸭去厨房取她的旧自行车。"哇！我借鸡妈妈的小花盆、兔弟弟的小皮球，还有小胖猪的小瓷碗全都塞在这儿，瞧我这记性，我怎么都给忘了呢！"

小白鸭脸红了，她赶紧将这些东西，拿去还给鸡妈妈他们。在路上，正好碰到鸡妈妈一行给她送自行车过来。伙伴们都高兴地笑了。

从那以后，小白鸭借了别人的东西，再也不会忘记还了。

启迪

借东西及时归还，这虽是小事，可也是诚信的表现。像小白鸭那样，光借不还，结果就会失去大家的信任。

图书在版编目（CIP）数据

EQ·帮助孩子与人交往/张新欣主编.—天津：天津科学技术出版社，2012.3（2019.6重印）

（中国学生培优Q计划）

ISBN 978-7-5308-6851-5

Ⅰ.①E… Ⅱ.①张… Ⅲ.①情商-青年读物②情商-少年读物 Ⅳ.①B842.6-49

中国版本图书馆CIP数据核字（2012）第043243号

EQ·帮助孩子与人交往
EQ BANGZHU HAIZI YUREN JIAOWANG

责任编辑：郑　新

出　　版：	天津出版传媒集团
	天津科学技术出版社
地　　址：	天津市西康路35号
邮　　编：	300051
电　　话：	（022）23332674
网　　址：	www.tjkjcbs.com.cn
发　　行：	新华书店经销
印　　刷：	三河市燕春印务有限公司

开本 700×1000mm 1/16　印张 9　字数 150 000
2019年6月第1版第3次印刷
定价：29.80元